Tanja Kinkel
Noahs Arche

Tanja Kinkel

NOAHS ARCHE

Warum Mensch und Tier
in einem Boot sitzen

PATTLOCH

© 2011 Pattloch Verlag GmbH & Co. KG, München
Alle Rechte vorbehalten
Umschlaggestaltung: ZERO Werbeagentur, München
Umschlagillustration: FinePic®, München
Layout, Satz und Herstellung: Sandra Hacke
Reproduktion: Repro Ludwig, A-Zell am See
Druck und Bindung: Offizin Andersen Nexö, Leipzig
Printed in Germany

ISBN 978-3-629-02289-9

Bitte besuchen Sie uns im Internet:
www.pattloch.de

2   4   5   3   1

INHALT

1.	Das große Zeichen	9
2.	Ein Abkommen mit Menschen und Tieren	15
3.	Eine Legende von der Freundschaft	21
4.	Wir sind Teil einer einzigen Schöpfung	27
5.	Die Seele von allem, was lebt	37
6.	Wenn wir Augen und Ohren hätten	43
7.	So schön, und doch vergänglich	51
8.	Ein Bund braucht Bundesgenossen, die ihn erfüllen	57
9.	Immer weiter	59
10.	Nichts, was ist, wird vergessen sein	63
	Bildnachweis	64

1. DAS GROSSE ZEICHEN

Und Gott sagte zu Noah und seinen Söhnen mit ihm:
Siehe, ich richte mit euch einen Bund auf
und mit euren Nachkommen,
und mit allem lebendigen Getier, an Vögeln,
an Vieh und an allen Tieren des Feldes bei euch,
von allem, was aus der Arche gegangen ist,
was für Tiere es sind auf Erden.
Und ich richte meinen Bund so mit euch aus,
dass hinfort nicht mehr alles Fleisch verderbt werden soll
durch die Wasser der Sintflut
und hinfort keine Sintflut mehr kommen soll,
die die Erde verderbe.
Und Gott sprach:
Das ist das Zeichen des Bundes,
den ich geschlossen habe zwischen mir und euch
und allem lebendigen Getier bei euch auf ewig:
Meinen Bogen habe ich in die Wolken gesetzt;
der soll das Zeichen sein des Bundes
zwischen mir und der Erde.
Und wenn es kommt,
dass ich Wetterwolken über die Erde führe,
so soll man meinen Bogen sehen in den Wolken.
Alsdann will ich gedenken
an meinen Bund zwischen mir und euch
und allem lebendigen Getier unter allem Fleisch,

dass hinfort keine Sintflut mehr kommt,
die alles Fleisch verderbe.
Darum soll mein Bogen in den Wolken sein,
dass ich ihn ansehe und gedenke an den ewigen Bund
zwischen Gott und allem lebendigen Getier
unter allem Fleisch, das auf Erden ist.

Und Gott sagte zu Noah:
Das sei das Zeichen des Bundes,
den ich aufgerichtet habe
zwischen mir und allem Fleisch auf Erden.

Als ich die Erzählung von der Sintflut zum ersten Mal hörte, in der Bamberger Domschule, da gab es einen Jungen in meiner Klasse, der in Tränen ausbrach. Er weinte nicht um

die Menschen, die in diesem Auszug aus dem Buch Genesis gerade ertrunken waren, nein; er hatte Angst, dass so etwas noch einmal vorkommen könnte, gleich beim nächsten Mal, wenn unsere heimatliche Regnitz wieder den Leuten in Klein-Venedig die Keller überflutete. Wie Kinder nun einmal sind, lachte ihn ein Teil der Klasse aus. Unsere Religions-

lehrerin beeilte sich, ihm das Versprechen Gottes, das ich gerade vorgetragen habe, zu rezitieren, als Versicherung, dass er eine erneute Sintflut nicht mehr zu befürchten brauchte; das Gekichere ging trotzdem weiter.

Damals, Mitte der 70er Jahre, hatten sich Umweltprobleme noch nicht bis in fränkische Grundschulklassenzimmer herumgesprochen. Im Nachhinein ist mir natürlich klar, wie ungeheuer privilegiert wir waren. Kinder in New Orleans,

nachdem die Stadt vom Wirbelsturm Katrina heimgesucht wurde, Kinder in Haiti, die ein Erdbeben überlebt haben, um als Nächstes der modernen Version von Sklavenhändlern in die Hände zu fallen, oder Kinder im italienischen L'Aquila: Vor ein paar Jahren hätten sie die Geschichte von der Natur, die sich gegen den Menschen wendet, so, wie der Mensch sich gegen die Natur wandte, alles andere als komisch oder unrealistisch gefunden. Solchen Kindern wäre eher der Schauder des Erkennens über den Rücken gekrochen. Ob sie die Worte Gottes an Noah beruhigend empfänden? Wer weiß.

2. EIN ABKOMMEN MIT MENSCHEN UND TIEREN

Was mich als erwachsene Frau, wenn ich die Stelle wieder lese, sofort beeindruckt, und was mir als Kind damals vollkommen entging, ist, dass das Versprechen eines Bundes sich

keineswegs nur an Noah und seine Nachkommen, also an die Menschen richtet. »Ich richte mit euch einen Bund auf und mit euren Nachkommen und mit allem lebendigen Ge-

tier bei euch, an Vögeln, an Vieh und an allen Tieren des Feldes bei euch, von allem, was aus der Arche gegangen ist, was für Tiere es sind auf Erden.« Der Bund besteht mit Tieren genau wie mit Menschen. Wenn Sie heute auf die Straße gehen und fragen, ob sich jemand erinnert, was in der Bibel über das Verhältnis von Menschen, Tieren und Umwelt gesagt wurde, dann werden die meisten Leute wahrscheinlich mit dem »Macht euch die Erde untertan«-Zitat aus der Schöpfungsgeschichte antworten. Die Geschichte des Bundes dagegen, oder der Umstand, dass Gott ihn mit Mensch und Tier gleichzeitig schließt, dürfte nur einer Minderheit gegenwärtig sein. Dabei ist das Bild der Arche, die Mensch und Tier Obdach in einer untergehenden Welt bietet, heute so aktuell wie noch nie. Genau wie die Vorstellung von Noah, der Raben und Tauben aussendet, um zu erkunden, ob die Bewohner der Arche wieder an Land gehen können. Sie alle sind Überlebende einer alten und voll Hoffnung auf eine neue Welt. Mitreisende, Verbündete, Neugründer der Welt, als Gott die Chance dazu anbietet.

HÜHNER IN FREIHEIT
… LANDIDYLLE

Aber wenn ich an Tiere heute denke, zusammengedrängt in Räume, dann ist eine Arche nicht das Bild, das vor meinem inneren Auge entsteht, nicht das von Mitreisenden in einer Arche. Nein, ich muss an einen Dokumentarfilm über Legebatterien denken, wo Küken vom Moment an, in dem sie aus dem Ei schlüpfen, ohne jede Bewegungsfreiheit, ohne

Sonne und Luft, und wortwörtlich ohne Menschlichkeit, denn gefüttert werden sie auch von Maschinen, Menschen sehen sie fast nie, gehalten werden. Ich muss an die ausgedörrten Landschaften von Kenia und Tansania im letzten Jahr denken, die fast zwölf Monate auf Regen warten mussten und dennoch übersät von Tieren waren – toten Tieren statt lebenden. Und ich frage mich, Mitreisende in der Arche, was ist aus euch geworden? War es nicht auch euer Bund, als dessen Zeichen ein Regenbogen in den Himmel gesetzt wurde?

3. EINE LEGENDE
VON DER FREUNDSCHAFT

Ich bin nicht Dr. Doolittle; die Gabe, mit Tieren sprechen zu können, die fehlt mir. Zum Glück wahrscheinlich, denn eine Vegetarierin bin ich auch nicht. Aber wenn es nach den Legenden um den heiligen Franziskus geht, dann braucht man

keine magischen Kräfte oder geheimen Sprachkenntnisse, um sich mit Tieren zu unterhalten. Evangelische Christen unter Ihnen kennen vielleicht nicht die Geschichte um den Wolf von Gubbio, also lassen Sie mich die Legende kurz vortragen:

Dort trieb sich nämlich ein gar großer und grimmiger Wolf umher, der auch Menschen anfiel und fraß. Alle Bürger waren ob dieser Plage in großer Angst, und keiner verließ unbewaffnet die Mauern der Stadt. Gleichwohl war niemand der schrecklichen Wut des Wolfes gewachsen, wenn er dem Zähnefletschenden unglücklicherweise begegnete, und schließlich hatte die Furcht so sehr um sich gegriffen, dass kaum jemand sich sicher fühlte, wenn er die Stadt hinter sich gelassen hatte.

Als nun Franz einmal nach Gubbio kam, empfand er Mitleid mit den Menschen und beschloss, sich zu dem Wolf auf den Weg zu machen. Die Bürger waren über diesen Vorsatz entsetzt und beschworen Franz, sich doch nicht mutwillig in die Gefahr des sicheren Todes zu begeben. Franz aber schlug getrost das Kreuzzeichen und ging mit seinen Genossen aus der Stadt hinaus dem Wolf entgegen. Die Menschen stiegen auf die Dächer der Häuser und verfolgten von dort aus Franz mit den Augen.

Schon rannte der schreckliche Wolf mit offenem Rachen auf Franz und seine Genossen zu, als die göttliche Kraft des seligen Mannes ihn innehalten ließ. Franz machte das Zeichen des Kreuzes über das Tier, rief es zu sich und sprach also zu ihm: »Komm zu mir, Bruder Wolf! Im Namen Christi befehle ich dir, weder mir noch sonst jemandem Leid anzutun!«

Und wunderbar, wie das Untier alsbald seinen schaurig aufgesperrten Rachen schloss, gesenkten Kopfes herantrottete und sich gleich einem Lamm zu den Füßen Franzens still niederlegte.

Da predigte Franz also zum Wolf: »Viel Schaden richtest du an in dieser Gegend, Bruder Wolf! Gar schlimme Taten hast du verübt und Gottes Geschöpfe erbarmungslos umgebracht. Du wagst es sogar, Menschen zu töten, die doch nach Gottes Bild geschaffen sind. Sicherlich hast du verdient, als Räuber und Mörder mit einem schlimmen Tod bestraft zu werden. Ich aber will zwischen dir, Bruder Wolf, und den Menschen einen Frieden herbeiführen. Du wirst niemandem mehr ein Leid antun. Dafür wird man dir alle Missetaten erlassen, und weder Menschen noch Hunde sollen dich hinfort verfolgen.«

Da wedelte der Wolf mit dem Schwanz und nickte mit seinem Kopf, auf diese Weise sein Einverständnis bekundend.

Franz fuhr fort: »So will ich dir auch versprechen, dass du hinkünftig keinen Hunger mehr leiden wirst. Deine tägliche Kost wirst du von den Menschen erhalten. Weiß ich doch, dass du alles Schlimme nur vom Hunger getrieben verübt hast. Nun gib mir ein Zeichen, dass du alles richtig begriffen hast und damit einverstanden bist.«

Der Wolf hob gehorsam seine rechte Tatze und legte sie in die ausgestreckte Hand Franzens, ging dann artig mit Franz in die Stadt hinein, zum Marktplatz, wo alsbald alle Bewohner zusammenliefen.

Als Franz den Menschen alles erklärt hatte und sie fragte, ob sie den Wolf getreulich ernähren und den Friedensvertrag so gewiss einhalten wollten, wie auch der Wolf es versprochen hatte, riefen sie alle ihr Ja.

Zwei Jahre lebte der Wolf dann in der Stadt und ließ sich von Tür zu Tür seine Nahrung geben, ohne jemand ein Leid zu tun. Und wunderbar, niemals bellte auch nur ein einziger Hund gegen ihn. Als der Wolf schließlich an Altersschwäche gestorben war, empfanden die Menschen darob große Trauer. Denn seine friedliche Anwesenheit und sanfte Geduld hatte sie an die Tugend desjenigen gemahnt, der seine Wildheit gezähmt hatte.

4. WIR SIND TEIL
EINER EINZIGEN SCHÖPFUNG

Ein Märchen, werden viele von Ihnen jetzt denken, eine Legende. Gewiss, Franziskus hat gelebt; er wurde 1181 in Assisi geboren, starb am 3.10.1226; auch die Stadt Gubbio gibt es,

mit 32 903 Einwohnern, nach dem Stand von 2009. Doch die Geschichte mit dem Wolf hat sich gewiss jemand einfallen lassen; Wölfe schließen keine Friedensverträge mit Menschen, keine der beiden Parteien würde sich je daran halten, ganz gleich, ob ein später heiliggesprochener Bettelmönch sie darum bittet oder nicht. Geschichten von Hunden, die ihren

Herrchen abhandenkommen und halbe Kontinente durchqueren, bis sie sie wiederfinden, worauf die Nation in gerührte Fernsehtränen ausbricht, sind natürlich etwas ganz anderes.

Wie wäre es indessen mit diesem Ansatz: Die Geschichte von Franziskus und dem Wolf drückt etwas aus, was wir Men-

schen wissen, aber immer wieder neu in Worte zu kleiden versuchen, weil wir es nur allzu oft vergessen. Darum prägt sie sich uns ein, darum verfolgt sie uns, genau wie die Vorstellung von Noah und seiner Familie, die mit Tieren aller Arten in einem Boot leben und schließlich endlich Land finden, worauf ihnen ein Versprechen und eine Zukunft gegeben wird. Was ist das, was wir wissen?

Vielleicht dies. Die Welt als *ganze* ist Schöpfung. Nicht nur ein Teil von ihr. Die Natur, in uns und um uns, Tiere und Vegetation, die Kultur des Menschen, der von Natur ein Kulturwesen ist, sind – Kreatur! Der Bund, den Gott in Genesis 9,8–11 anbietet, besteht »zwischen mir und euch und allem lebendigen Getier bei euch auf ewig«, »zwischen mir und allem Fleisch auf Erden«. Dabei greifen Naturwissenschaft und theologische Betrachtungsweise ineinander, statt einander entgegenzuarbeiten. Ja, wir sind verschiedene Ar-

ten, doch wir sind gleichzeitig voneinander abhängig. Wir sind von der Luft, die wir atmen, abhängig, die von den Pflanzen geschaffen wird, die wir entweder vernichten oder erhalten; Pflanzen und Tiere bedingen einander, und beide bedingen uns, gerade weil wir Wesen aus Körper und Geist sind. Ja, wir können zu Tieren grausam sein, einem Pferd die Augen ausstechen, einen Hund zu Tode quälen, ohne dass es biologische Rückschläge für uns bedeutet. Aber es vernichtet einen Teil unserer Seele, den Teil, der weiß, dass ein Tier ein lebendiges, empfindendes Wesen ist. Den Teil, der Franziskus, Kind seiner Zeit, des Mittelalters nämlich, die alles andere als sentimental in Bezug auf Tiere war, dennoch in die Lage versetzte, einen Wolf seinen Bruder zu nennen.

Ein Wolf ist kein »nützliches«, essbares Tier wie ein Schwein, kein »niedliches« Tier wie ein kleiner Sperling. Ein Wolf ist ein Raubtier, das andere Tiere tötet, das auch in der Lage ist, auf Menschen loszugehen. Ein Wolf. Es gibt ein lateinisches Sprichwort: *Homo homini lupus.* Der Mensch ist dem Menschen ein Wolf.

Gemeinhin wird es als Kommentar über die Grausamkeit der Menschen untereinander verstanden. Franziskus hat es anders begriffen. Wölfe und Menschen als Teil der gleichen Schöpfung, beide als Wesen, mit denen Gott einen Bund schloss. Wenn der Mensch dem Menschen ein Wolf ist, kann der Wolf dem Menschen ein Mensch sein, und es muss nicht auf Zynismus hinauslaufen, sondern auf das Gegenteil.

Auf Geschwisterlichkeit. Geschwisterlichkeit ist möglich, wenn wir uns als Teile eines Ganzen begreifen, einer Schöpfung, eines Bundes.

5. DIE SEELE VON ALLEM, WAS LEBT

Schöpfung ist dabei kein abgeschlossener, sondern ein anhaltender Prozess; auch hier sehe ich Wissenschaft und Theologie als etwas, was miteinander, nicht gegeneinander verstanden werden kann. Um den Jesuiten Teilhard de Chardin zu paraphrasieren: Gott ist nicht der Schöpfer, indem er die Dinge von außen modelliert, er erschafft, indem er »von innen« her gegenwärtig ist, indem er die Materie beseelt, die dann gleichsam von selbst, aus einer Urkraft heraus, zu wirken scheint. Keine Definition könnte dies besser ausdrücken: Gott ist Immanenz und Transzendenz zugleich. Die untrenn-

bare Verknüpfung von Immanenz und Transzendenz ist das wahre Geheimnis der Welt.

Dabei ist unsere gegenwärtige Welt alles andere als der Garten Eden. Ein Bund ist nicht etwas, was feststeht und für sich gewährleistet, dass die Dinge gut sind. Alle Teilnehmer müssen das Ihre dazu tun, um ihn zu erhalten. Franziskus in der Geschichte des Wolfes von Gubbio konnte ein Friedensangebot zwischen Wolf und Stadtbewohnern machen, aber die

Aufrechterhaltung dieses Friedens war etwas, was dem Wolf und was den Menschen oblag. Franziskus zog weiter. Es war an Wolf und Menschen, den Frieden zu erhalten, den er gestiftet hatte; an den Menschen, den Wolf zu füttern, am Wolf, keine Menschen mehr anzufallen. Ohne Pferde, Ochsen, Kamele wären Kontinente nicht erschlossen worden;

der explodierende Nahrungsmittelbedarf einer wachsenden Menschheit wäre durch ihre Arbeitskraft wie durch ihr schieres Vorhandensein nicht sichergestellt gewesen. Woher kommt es, dass Delphine Taucher retten, Wale nicht unter

kleinen Booten, sondern daneben auftauchen, Blindenhunde und andere Haustiere oft alten und kranken Menschen helfen, ihr Leben zu bewältigen?

Gott ist in seiner Schöpfung gegenwärtig, aber nicht auf eine Weise, die uns dazu zwingt, den von ihm angebotenen Bund zu halten. Andernfalls wäre es kein Bund, sondern ein Diktat oder gar eine Diktatur. Wir haben freien Willen; was einen Bund ausmacht, ist auch die Notwendigkeit, ständig Entscheidungen treffen zu müssen. Die Natur hat bisher durch ihren Artenreichtum immer das Überleben der Menschheit gesichert. Aber wie lange ist sie dazu überhaupt noch in der Lage, so, wie wir mit unseren Bundesgenossen umgehen?

6. WENN WIR AUGEN UND OHREN HÄTTEN

Dabei können wir nicht sagen, dass es uns an Erinnerungen an die Transzendenz innerhalb der Schöpfung mangelt. Dass wir blind gegenüber der Erhabenheit dessen wären, was uns jeden Tag unseres Lebens umgibt. Der Dramatiker Carl Zuckmayer schrieb an Karl Barth: »*Während ich das niederschreibe, schaue ich aus dem Fenster, und gerade geht – wir haben inzwischen Gründonnerstag – hinter den Bergen der Mond auf, noch zwei Tage vor Vollmond, an einem klaren Himmel. Immer wieder bin ich von einem solchen Bild ergriffen, zeugt es doch von der dauernden Bewegung der Welt, wie das ›wandernde Volk Gottes‹ im Raum der Schöpfung.*«

Martin Luther selbst schrieb: »*Wenn wir Augen und Ohren hätten, könnten wir sehen und hören, wie das Korn uns anredet: Sei fröhlich in Gott, iss und trink, brauche mich und diene dem Nächsten! Ich will schon die Böden und Speicher füllen. Und wenn ich nicht taub wäre, so müsst ich hören, wie die Kühe sprechen bei ihrem Ausgang und Eingang, freut euch, wir bringen Butter und Käs, esset, trinket und gebet anderen.*«

Und ein Jahrhundert nach ihm dichtete der Jesuit Friedrich Spee:

O reines jahr! O schöner tag!
O spiegel-klare zeiten!
Zur sommer-lust nach winter-klag
Der Frühling vns wird leiten.
Im lufft ich hör die music schon /
Wie sichs mit ernst bereite /
Dass vns empfang mit süssem thon /

Vnd lieblich hin begleite.
O Gott ich sing von hertzen mein /
Gelobet muß der Schöpffer sein.

(…)

Wer mag nun je gebohren sein /
So reich von scharffen sinnen /
Der auch das gringste pfläntzelein /

Nur schlechtlich dörfft beginnen.
Die warheit sag ich rund / vnd glatt /
Dan würd all sinn zerrinnen /
Wer auch nur dächt ein eintzig blat /
Auß menschen kunst erspinnen.
O Gott ich sing von hertzen mein /
Gelobet muß der Schöpffer sein.

Wohlgemerkt, Friedrich Spee war kein Gelehrter im Elfenbeinturm, der sich über Naturwunder freuen konnte und dabei die Misere der Welt übersah.

Er war auch der Verfasser der Cautio Criminalis, der »Rechtlichen Bedenken wider die Hexenprozesse«, des ersten wichtigen Buches, das sich gegen die Hexenverfolgung wandte. Er wusste nur zu gut, was Menschen anderen Menschen antun konnten. Er wusste auch, was die Natur vermochte, arbeitete er doch als Geistlicher bei der Betreuung und Pflege von Pestkranken, wobei er sich schließlich ansteckte und starb.

Nein, Friedrich Spee lebte in einer Welt, einer Schöpfung, die es an Grauen nur zu gut mit unserer Gegenwart aufnehmen konnte und in der er dennoch die Allgegenwart Gottes spürte. Das Wunder und die Vollkommenheit eines Blattes war ihm ebenso Erinnerung an den Bund zwischen Gott und der Natur, wie es der Gesang von Vögeln war, inmitten von Pest, Folter und dem Schreien nach Gnade.

Nicht zu vergessen: in ständiger Gegenwart des Todes, denn Spees Lebzeit brachte nicht nur Hexenverfolgung und Pest, sondern auch jahrzehntelangen Krieg.

7. SO SCHÖN, UND DOCH VERGÄNGLICH

Die Betrachtung von Natur als immer noch im Werden begriffener Schöpfung ist gleichzeitig auch das Wissen von ihrer steten, ständigen Vergänglichkeit. »Schöpfungsglauben«,

sagte Günter Altner einmal, »ist Wissen um die Sterblichkeit aller Kreaturen und Versuch der Verarbeitung dieses tiefsten Schmerzes in der Annahme der eigenen Vergänglichkeit. (…)

Schöpfungsglaube ahnt, angestoßen durch die unerwartete Anwesenheit des Unaussprechlichen im leidvollen Werden der Welt, die Nähe Gottes bei den Dingen und damit auch

ihren Wert und die ihnen zukommende Einmaligkeit im Wechsel der Zeiten. Nichts, was war, ist vergeblich. Und nichts, was ist, wird vergessen sein.«

Franziskus nannte nicht nur den Wolf seinen Bruder, sondern auch den Tod, am Ende seines Sonnengesangs, der Gott durch die Natur preist. Der Sonnengesang enthält nicht nur Passagen wie »Gelobt seist du, mein Herr,/ durch Bruder Wind/ und die wolkige, heitere Luft,/ durch alle Wetter,/ wie sie auch sind,/ durch welche du deine Geschöpfe am Leben erhältst« oder »Gelobt seist du, mein Herr,/ durch unsere Schwester/ und Mutter Erde./ Sie erhält uns,/ sorgt für uns,/ bringt vielerlei Früchte hervor,/ bunte Blumen und Kräuter«, sondern eben auch »Gelobt seist du, mein Herr/ durch unseren Bruder,/ den leiblichen Tod.«

Dieses letzte Lob dürfte das sein, was uns allen am schwersten fällt. Niemand, der einen geliebten Menschen verloren hat, kann den Tod einfach akzeptieren, geschweige denn loben. Niemand, der nach Katastrophenmeldungen über Erdbeben oder Flutwellen nicht auf Überlebende hofft, statt auf Tote. Aber einfache Hinnahme oder gar Ignoranz der Kost-

barkeit des Lebens ist ja auch nicht das, was Franziskus gemeint hat. Gerade weil wir sterblich sind, weil wir diese Sterblichkeit mit unseren Mitgeschöpfen teilen, sowohl mit Tieren als auch mit Pflanzen, sollten wir uns auch bewusst sein, dass wir den Bund mit ihnen nicht einfach vernachlässigen können und dabei erwarten, dass die Natur noch genauso da sein wird, wenn wir uns eines Tages wieder darauf besinnen. Nein.

Wir sind sterblich, und wir wissen, dass Luft und Vegetation verpestet werden, dass Fische vergiftet werden können, dass es nur noch eine geringe Anzahl von Pandabären oder Gorillas auf der Welt gibt und sie eines Tages ganz verschwunden sein könnten. Gerade weil wir wissen, was Tod bedeutet, sollte uns die Zeit, die uns mit unserer Umwelt gegeben ist, umso kostbarer sein. Wir können Immanenz und Transzendenz durch die Schöpfung erleben, und wir können das Unsere tun, um zu versuchen, sicherzustellen, dass dies auch noch unseren Kindern möglich ist.

8. EIN BUND BRAUCHT BUNDESGENOSSEN, DIE IHN ERFÜLLEN

Möglichkeiten dazu haben wir viele. In der modernen Lebenswelt, in der wir nachweislich zehn- bis zwölfmal mehr Fleisch konsumieren, als wir zur Fristung unseres Lebens bräuchten, in der wir Industrieländermenschen fünfhundertmal mehr Energie pro Kopf verbrauchen als die Men-

schen in den Ländern des armen Südens, in dieser industriellen Lebenswelt lassen sich im Sinn von Genesis 9,4 wie im gleichlautenden Sinn des Machtverzichtes mehr als genug

Möglichkeiten zur Verminderung der Gewalt gegen die nichtmenschliche Schöpfung finden. Nur die Hände über dem Kopf zusammenzuschlagen bringt überhaupt nichts. Einfach aufgeben? Das wäre kein Bund.

9. IMMER WEITER

»Ewig« ist nicht nur ein Versprechen von Gottes Seite aus, ein Angebot, das nie aufhören wird. »Ewig« ist auch eine Aufforderung an den Menschen, vor der er vielleicht zeitweilig die Ohren verschließen kann, die jedoch immer noch weiter erklingen wird. »Meinen Bogen habe ich in die Wolken gesetzt; der soll das Zeichen sein des Bundes zwischen mir und der Erde.« Ein Regenbogen als Symbol, das mag auf den ersten Blick überraschend sein, denn ist ein Regenbogen nicht eine Illusion, die man nicht berühren kann, Farben, gebrochen im Licht, die bald wieder verschwinden? Sicher. Doch ein Regenbogen ist auch ohne Anfang und Ende. Und, am wichtigsten: Regenbögen sieht man überall, an jedem Flecken der Erde. Vor Regenbögen, gemacht aus Licht und Luft und Wasser, kann man sich nicht verschließen. Sie tauchen überall auf, früher oder später, um uns an das zu erinnern, was wir doch wissen.

10. NICHTS, WAS IST, WIRD VERGESSEN SEIN

»Nichts, was ist, wird vergessen sein« – das ist in der Tat das Versprechen Gottes in Genesis 9. Wir sind immer noch in einer Arche, aber es genügt nicht, nur unsere Brüder und Schwestern Vögel, wie Franziskus sich ausgedrückt hätte, loszusenden, um zu erkunden, ob es überhaupt noch festen Boden gibt, den wir bewohnen können. Nein, es ist auch und vor allem an uns, hier und heute, hier und jetzt, Wege zu finden, um unseren Bund mit der Schöpfung zu erfüllen. Es ist an uns, sicherzustellen, dass »keine Sintflut mehr kommt, die die Erde verderbe« und »alles Fleisch, das auf Erden ist«. Gott hat uns den Verstand dazu gegeben, die Zeichen und den freien Willen, zu entscheiden, wie wir die kurze Zeit, die wir auf der Erde leben, nutzen, um den Bund, den er uns anbietet, weiterzutragen, um das Unsere zu tun, damit sich die Atmosphäre nicht weiter aufheizt, die Tierarten nicht weiter verschwinden, das Gift in Erde und Wasser ab- statt zunimmt.

Es sind unsere Mitbewohner in der Arche, Menschen und Tiere gleichermaßen, die darauf angewiesen sind, dass wir diesen Bund mit Gott erfüllen. Er hat ihn nicht vergessen. Tun wir das Unsere, um zu beweisen, dass auch wir uns seiner bewusst sind.

BILDNACHWEIS

Fotos: Corbis: S. 6-7 Andreas Fux / S. 8 Gary Will, Inc / Visuals Unlimited / S. 10 Fine Art Photographic Library / S. 11 Jose Luis Pelaez, Inc. / S. 12-13 Warren Faidley / S. 15 Scott Stulberg / S. 16 Elio Ciol / S. 17 DLILLC / S. 18-19 Sebastian Pfuetze / S. 21 The Gallery Collection / S. 23 Daniel J. Cox / S. 24 Daniel J. Cox / S. 25 Pat Doyle / S. 27 Historical Picture Archive / S. 28-29 The Gallery Collection / S. 30 Jason Stang / S. 31 Heide Benser / S. 32 Last Refuge/Robert Harding World Imagery / S. 34-35 Stephen Simpson / S. 36 Natural Selection David Ponton / Design Pics / S. 37 Jim Zuckerman / S. 38 Dave G. Houser / S. 39 Tobias Bernhard / S. 40-41 Jim Zuckerman / S. 43 Atlantide Phototravel / S. 44-45 Jeremy Horner / S. 46 Nigel Pavitt / JAI / S. 48-49 Koichi Kajino / SEBUN PHOTO / amanaimages / S. 50 Frank and Helena / cultura / S. 51 Heide Benser / S. 52 TH-Foto / S. 53 Ed Darack / Science Faction / S. 54-55 David Madison / S. 57 Robert Essel / S. Doroszewicz & Clausen / S. 60-61 Beau Lark / S. 62 A. Inden